HISTORIETAS Y PASATIEMPOS

Nivel II

LUIS LOPEZ RUIZ

HISTORIETAS Y PASATIEMPOS

Nivel II

edelsa
GRUPO DIDASCALIA, S.A.
Plaza Ciudad de Salta, 3 - 28043 MADRID - (ESPAÑA)
TEL.: (34) 914.165.511 - FAX: (34) 914.165.411

Ilustraciones:
PEDRO MARTIN SANTOS

1.ª edición 1987
2.ª edición 1993
1.ª reimpresión 1997
2.ª reimpresión 1999

I.S.B.N.: 84-7711-026-3
Depósito legal: M-6284-1999
Imprime: Talleres Gráficos Peñalara
Encuaderna: Perellón

EN EL TREN

Don Fulgencio sube al tren que tiene que llevarlo a su lugar de destino. Va solo. Lleva una maleta pequeña y un libro.

Recorre el pasillo hasta que encuentra un departamento vacío. Entra, coloca la maleta, se sienta y se dispone a leer su libro. En ese momento entra un señor muy nervioso.

—Buenas tardes —dice.

—Muy buenas —contesta D. Fulgencio con frialdad.

Inmediatamente el señor que acaba de entrar adopta actitud de querer mantener una conversación y pregunta:

—¿Qué? ¿Va Vd. muy lejos?

D. Fulgencio lo mira fijamente, cierra el libro, se acomoda bien en el asiento y le dice, hablando muy despacio y muy claro:

—Mire Vd.: No voy muy lejos; me llamo Fulgencio Ruiz Calderón; estoy casado; tengo tres hijos; trabajo en un banco; voy a casa de mis padres porque mi madre está enferma y me gusta muchísimo leer cuando voy de viaje.

Preguntas

¿Con quién va D. Fulgencio?
¿Qué lleva en las manos?
¿Qué hace antes de entrar en su departamento?
¿Qué hace inmediatamente después de sentarse?
¿Qué ocurre después?
¿Cómo es el señor que entra?
¿Qué le dice el recién llegado?
¿Qué hace D. Fulgencio cuando el otro señor empieza a hablar?
¿Cómo le contesta?
¿Le da muchos detalles de su viaje?

LAS GANAS DE COMER

D.ª Agueda y D.ª Amparo son dos señoras de unos cuarenta años aproximadamente. Viven en la misma casa. La puerta del piso de D.ª Agueda da frente por frente a la puerta del piso de D.ª Amparo. Se ven con mucha frecuencia y siempre encuentran un motivo para charlar un rato. Hablan de muchas cosas diferentes, pero uno de los temas preferidos es la vida de sus hijos: cómo están, con quién salen, lo que estudian, etc.

Hoy, para no variar, D.ª Agueda y D.ª Amparo están hablando nuevamente de sus hijos y comentan lo que comen.

—No piensan en otra cosa todo el día —dice D.ª Amparo—. Siempre están comiendo y siempre quieren más.

—Igual que los míos —contesta D.ª Agueda—. Sobre todo el pequeño. No se cansa nunca. Me tiene harta. ¿A que no sabe Vd. lo que me pidió ayer después de cenar?

—Pues, no sé... Más postre, quizá...

—No señora, me pidió... ¡el desayuno!

Preguntas

¿Cuántos años tiene D.ª Agueda?
¿Y D.ª Amparo?
¿Dónde viven?
¿Viven las dos en el mismo piso?
¿Se ven mucho?
¿De qué hablan cuando se encuentran?
Y hoy, ¿de qué están hablando?
¿Cuál de los hijos de D.ª Agueda come más?
¿Cómo está ya D.ª Agueda?
¿Sabe D.ª Amparo qué le pidió a su madre el hijo pequeño de D.ª Agueda después de cenar?

EL BAÑO

En la casa donde viven D.ª Agueda y D.ª Amparo viven también otras seis familias. Unas familias se llevan bien entre sí y otras sólo regular. La familia de Manolito se lleva muy bien con las dos señoras que viven enfrente. Se llaman D.ª Justa y D.ª Rufina y son hermanas. A Manolito no le gusta que estas señoras vayan a su casa de visita porque siempre le preguntan muchas cosas.

Hoy domingo, D.ª Justa y D.ª Rufina, que nunca tienen nada que hacer, han ido de visita. Llegan a la casa de Manolito justamente a la hora de empezar el partido de fútbol por la televisión y Manolito está un poco enfadado porque no puede verlo bien con la visita.

—Estas ya hecho un hombre, Manolito —dice D.ª Justa—. ¿Cuántos años tienes?

—Seis, señora —contesta Manolito sin apartar la vista del televisor.

D.ª Rufina coge el relevo y dice:

—¿Y el baño? ¿Te gusta el baño?

—Mire Vd., señora —contesta el chico—, la primera vez que me dieron un baño pasé mucho frío y me hizo una impresión horrible.

—Bueno, pero la segunda vez... —añade D.ª Rufina.

El niño, rápidamente, contesta:

—La segunda vez no sé que me va a pasar.

Preguntas

¿Cuántas familias viven en la casa de Dª. Agueda?
¿Cómo se llevan entre sí?
¿Quiénes viven enfrente de Manolito?
¿Qué hacen D.ª Justa y D.ª Rufina cuando van a casa de Manolito?
¿Trabajan mucho estas señoras?
¿Qué está viendo el chico en la TV cuando llega la visita?
¿Qué pregunta D.ª Justa?
¿Cómo contesta Manolito?
¿Cuándo le dieron el primer baño a Manolito?
¿Qué le pasó?

ENFERMEDADES

Don Remigio es un señor de cincuenta años aproximadamente que charla muchísimo. Tiene una obsesión especial: le gusta presumir de haber tenido más enfermedades que nadie y de haberlas superado todas. Según él, las había tenido todas o casi todas. Y había estado gravísimo en muchas ocasiones.

Un día fue a la iglesia a un funeral. Allí se encontró con un amigo. Al salir de la iglesia se pararon a charlar un rato y Don Remigio comentó:

—¡Pobre Joaquín! ¡Mira que haberse muerto...!

—Sí, ha sido una pena, tan joven todavía...

—Por cierto, ¿de qué ha muerto? —preguntó Don Remigio.

—De cáncer, le contestó el amigo.

—¡Bah! ¡Yo he tenido cosas peores muchas veces!

Preguntas

¿Cómo podría definirse a D. Remigio?
¿De qué presume?
¿Con quién se encontró en la iglesia?
¿De qué hablaron al terminar el funeral?
¿Cómo se llamaba el muerto?
¿Era viejo?
¿De qué había muerto?
¿Quién se lo dijo a D. Remigio?
¿Le dio éste importancia a esa enfermedad?
¿Qué dijo que le había pasado a él?

IMPOSIBLE

Pedrito era un niño muy bueno que hacía siempre mucho caso a su mamá. Sus padres no tenían ningún problema con él y en el colegio destacaba porque estudiaba mucho y sacaba muy buenas notas. Pedrito era un verdadero especialista en el lenguaje, que utilizaba con asombrosa exactitud.

Un día en su casa, su madre le dijo:

—Pedrito, ve al despacho de papá...

—Sí, mamá.

—Encima de la mesa hay nueve o diez libros, unos sobre otros...

—Sí, mamá.

—Quiero que me traigas el que está debajo de todos.

—Sí, mamá.

El niño se va al despacho y vuelve después de unos minutos sin ningún libro.

—Pero, Pedrito —dice su madre—, ¿por qué no me has traído lo que te pedí?

Imposible, mamá. Debajo del último libro no hay ninguno más.

Preguntas

¿Cómo era Pedrito?

¿Qué contestaba casi siempre?

¿Qué hacía en el colegio?

¿De qué sabía mucho?

¿Cómo hablaba?

¿Qué le pidió su madre?

¿Qué quería que le trajese?

¿Qué hizo el niño?

¿Cuándo volvió?

¿Por qué no trajo ningún libro?

TRES HISTORIAS CORTAS

—Ricardo: Mamá me ha dado hoy dos recetas. Una para preparar el pavo y la otra para hacer un producto con el que lavar la ropa.

—Muy bien, querida —contesta el marido—. ¿Y cuál de las dos estamos comiendo?

* * *

José y Emilio son dos hermanos que se parecen mucho. En una fiesta, un señor que ha bebido bastante pregunta:

—Oye, ¿tú eres tú o tu hermano?

—Mi hermano. Yo soy aquel que está allí.

* * *

La señora sospecha que la chica nueva que ha contratado para la limpieza es bastante sucia.

—¿Se ha lavado Vd. las manos hoy? —le pregunta.

Y la chica le contesta:

—¿Hoy? Hoy, no. ¿Es domingo quizás?

Preguntas

¿Cómo se llama el marido?
¿Quién le ha dado a su mujer las dos recetas?
¿Están comiendo alguna de las nuevas recetas?
¿Cuál de ellas?
¿Cómo son los dos hermanos?
¿Quién no los distingue?
¿Qué pensará el señor después de oir la respuesta?
¿Ha contratado un nuevo chófer?
¿Se ha lavado la chica las manos?
¿Por qué?

LA HORA

En la oficina se pasaba el día entero preguntando a todos la hora que era. Todos estaban ya un poco cansados de que siempre preguntase lo mismo. Uno de sus compañeros le dijo un día:

—Tú no llevas reloj, ¿verdad?

—No, nunca. No me gusta.

—Y... ¿cómo sabes la hora que es?

—Es muy fácil: ¡se lo pregunto a alguien y ya está!

—Pero a veces puede resultar complicado. Por ejemplo, si te despiertas a media noche y quieres saber la hora que es, ¿qué haces?

—¡Ah! Tengo un remedio infalible: me pongo a tocar la trompeta.

—¿La trompeta? ¿Para qué?

—Siempre hay algún vecino que abre inmediatamente la ventana y grita: ¿Pero Vd. cree que se puede poner uno a tocar la trompeta a las cinco de la mañana?

Preguntas

¿Dónde trabajaba el protagonista de nuestra historia?
¿A quién preguntaba la hora muchas veces?
¿Qué le dijo uno de ellos un día?
¿Por qué dijo él que no llevaba reloj?
¿Cómo sabía la hora que era?
¿Y si era de madrugada?
¿Qué hacían los vecinos?
¿Suele preguntar la gente la hora tocando la trompeta?
¿Y Vd.?

BICICLETA

Antonio vivía con sus padres y sus hermanos. De vez en cuando iba a ver a su abuelo que vivía en otra casa un poco distante de la suya.

Llevaba ya bastante tiempo sin verlo y decidió hacerle una visita. Cogió la bicicleta y, en poco más de un cuarto de hora, llegó.

El abuelo estaba en la puerta de la casa tomando el sol. Era muy viejo y casi no veía. El niño dejó la bicicleta apoyada en la pared, se puso a su lado y le dijo:

—¡Hola, abuelo! ¡Soy Antonio!

—¡Hola, Antonio! ¡Qué alegría!

El abuelo intentó acariciarlo y, después de unos instantes, dijo:

—Se ve que estás fuerte porque estás muy duro, pero... ¡qué delgado estás, Antonio!

—Pero abuelo, ¡si estás acariciando la bicicleta!

Preguntas

¿Vivía Antonio con su abuelo?
¿Cuándo iba a verlo?
¿Por qué decidió hacerle una visita?
¿Cómo fue a verlo?
¿Tardó mucho en llegar?
¿Qué hizo cuando llegó?
¿Cómo era el abuelo?
¿Qué le dijo al llegar?
¿Y después?
¿Qué estaba acariciando el abuelo?

NUEVO RICO

D. Evaristo es el clásico nuevo rico. Tiene mucho dinero, pero es bastante bruto y sabe muy poco. De historia, por ejemplo, sabe poquísimo, como de tantas otras cosas.

Recientemente le ha tocado la lotería y está arreglando la casa. También quiere cambiar los muebles porque dice que no son buenos.

Un día entra en una tienda. Va a comprarse una cama. El empleado le dice:

—¿Qué estilo quiere Vd.: muebles modernos, antiguos...?

—Antiguos, mejor.

—Mire: todos estos son de estilo Luis XV. Esta cama, por ejemplo, ¿le gusta?

D. Evaristo la examina un rato y dice:

—Sí, está muy bien. Pero yo la quiero un poco más grande. ¿No la tiene Vd., por ejemplo, de estilo Luis XX o LuisXXII?

Preguntas

¿Tiene mucha educación D. Evaristo?
¿Y dinero?
¿Por qué?
¿Qué quiere hacer?
¿Qué quiere comprar?
¿Qué le dice al empleado de la tienda?
¿Qué muebles quiere D. Evaristo?
¿Qué le enseña el empleado de la tienda?
¿Cómo quiere D. Evaristo la cama?
¿Hay muebles estilo Luis XX?

EL DOS POR CIENTO

Pedro y Pablo eran muy amigos en el colegio. Pedro era un fenómeno en matemáticas y sacaba unas notas buenísimas. Pablo, en cambio, era un desastre y lo suspendían siempre.

Pasaron los años y, en contra de lo que la gente había pensado, el fracasado en la vida era Pedro. Pablo, sin embargo, había triunfado y ganaba muchísimo dinero con los negocios.

Un día se encontraron y el fracasado —es decir, Pedro— le preguntó al otro:

—Te van muy bien las cosas, ¿eh? ¿Qué haces?

—Tengo negocios —contestó Pablo.

—Y ganas mucho, claro...

—No; sólo el dos por ciento.

—¿Sólo el dos por ciento?

—Sí: compro las cosas por cien pesetas y las vendo por doscientas.

Preguntas

¿De quién era amigo Pedro en el colegio?
¿Sabía Pablo muchas matemáticas?
¿Quién sacaba buenas notas?
¿Qué le pasaba a Pablo?
¿Qué le pasó cuando pasaron los años?
¿Cuál de los dos era el rico?
¿Con qué ganaba el dinero?
¿Cuánto dijo Pablo que ganaba?
¿Ganaba eso realmente?
¿Cuánto es el dos por ciento de cien?

CALIFICACION

En España se califican los exámenes de 0 a 10. Si un alumno obtiene en un examen 9 ó 10 saca Sobresaliente, y si obtiene 7 u 8 le dan Notable. El 6 es Bien y el 5 Suficiente. De ahí para abajo es mala nota y lo suspenden. Por ejemplo, 3 y 4 es Insuficiente, y de 0 a 2 es Muy deficiente.

Un día, en un examen oral de Geología, el profesor le enseña al alumno un mineral y le pregunta:

—Vamos a ver, ¿qué es esto?

—Una piedra —dice el alumno.

—Sí, hombre, una piedra, pero... ¿qué clase de mineral es?

El alumno se acerca un poco al profesor y le dice en voz baja:

—Yo no quiero una nota alta, señor profesor. Con un suficiente me basta.

Preguntas

¿Cuál es la nota máxima en España?
¿Y la peor?
¿Cuál es la nota mínima para aprobar?
¿Se puede sacar un notable con un cinco?
¿Y un sobresaliente con un nueve?
¿Qué le enseñó el profesor al alumno en el examen?
¿Era un examen de Ciencias Naturales?
¿Cómo le habló el profesor?
¿Qué le dijo?
¿Qué nota merecía el alumno con su respuesta?

LEÑADORES

La leña es la madera cortada en trozos que se utiliza para hacer fuego en las chimeneas. Los hombres que cortan la madera se llaman leñadores.

Un día estaban hablando en el campo dos leñadores, Gumersindo y Braulio. Gumersindo dice:

—Yo soy el leñador más fuerte de toda esta zona. Y Braulio contesta:

—No; el más fuerte soy yo. Con mi hacha puedo cortarte la cabeza por completo de un solo golpe.

—¿A que no? —dice el primero.

—¿A que sí? —dice el segundo.

Y los dos leñadores deciden hacer una apuesta. Si Braulio no consigue cortarle la cabeza a su amigo de un solo golpe de hacha, pierde la apuesta y tiene que invitarlo a comer.

Buscan una piedra grande, Gumersindo coloca su cabeza sobre ella, Braulio levanta el hacha y ¡zas!: da un golpe terrible sobre el otro leñador. Pero la cabeza no queda cortada por completo, sino unida al cuerpo sólo por un hilo de carne. Gumersindo, a punto de morir, dice muy contento:

—¡Perdiste!

Preguntas

¿Para qué sirve la leña?
¿Quién es el leñador más fuerte?
¿Qué dice Braulio que pueden hacer?
¿Qué apuesta se hacen?
¿Quién pone la cabeza en la piedra?
¿Cómo tiene Braulio que cortar la cabeza de su amigo?
¿Qué tiene que hacer si no lo logra?
¿Cuántos golpes da con el hacha?
¿Cómo queda Gumersindo?
¿Quién ha perdido la apuesta?

LA LOTERIA

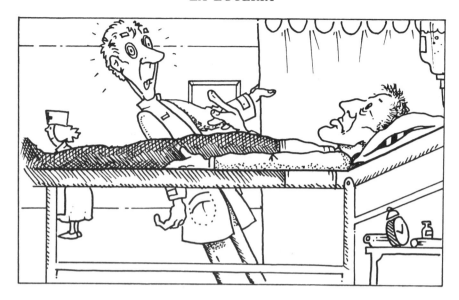

Don Raimundo estaba en la cama. Tenía una enfermedad muy grave del corazón. Todos pensaban que iba a morirse porque estaba muy mal. Y en ese momento le tocaron diez millones de pesetas en la lotería. Nadie se atrevía a decírselo porque podría morirse de la impresión. Vino el médico, hablaron con él y quedaron en que se lo dijera él.

—Ha jugado Vd. a la lotería, ¿verdad Don Raimundo?

—Sí, pero no importa. Nunca me toca.

—Bueno, pero alguna vez puede tocarle. ¿Qué haría Vd. si le tocase, por ejemplo, medio millón de pesetas?

—Pues, le daría a Vd. la mitad.

—¿De verdad, Don Raimundo? ¿Y si le tocasen diez millones?

—Igual; le daría a Vd. la mitad.

En ese momento se murió el médico.

Preguntas

¿Dónde estaba D. Raimundo?

¿Qué tenía?

¿Jugaba a la lotería?

¿Le tocó algún premio?

¿Cuánto?

¿Qué temían que le ocurriera?

¿Quién debía darle la noticia?

¿Qué dijo D. Raimundo que haría si le tocase?

¿Cuántas veces se lo preguntó el médico?

¿Se murió D. Raimundo?

BUENA MEDICINA

La pobre D.ª María tenía muchos dolores. El médico decía que era reuma y llevaba ya muchos años de tratamiento. Pero la verdad era que no mejoraba. Cada vez podía moverse menos y no sabía qué le dolía más si las manos, las piernas, la espalda...

Una amiga suya le dijo un día:

—María, ¿por qué no tomas esta medicina? Según me han dicho es muy buena.

Y D.ª María la tomó.

Dos semanas después, D.ª María se encontró con su amiga y ésta le preguntó:

—¿Qué? ¿A que es buena esa medicina para el reuma?

Y D.ª María le contestó:

—Para el reuma, ¡buenísima! ¡Tengo más reuma que antes!

Preguntas

¿Qué tenía D.ª María?
¿Qué le decía el médico?
¿Desde cuándo estaba enferma?
¿Estaba mejor después del tratamiento médico?
¿Qué le dolía más?
¿Quién le dio una medicina nueva?
¿Qué hizo D.ª María con la medicina nueva?
¿Cuándo se encontró de nuevo a su amiga?
¿Qué le dijo ésta?
¿Y qué le contestó D.ª María?

EL RATON PEREZ

En España hay costumbre de regalar cosas a los niños pequeños cuando se les cae un diente. Por la noche, mientras los niños duermen, un misterioso personaje llamado «El ratón Pérez» deja junto a la cama del niño el regalo: caramelos, chocolatinas, una moneda...

En casa de Ramón Rodríguez los niños recibían muy pocos regalos de su padre. Ramón era muy avaro y siempre estaba protestando del dinero que se gastaba. Sin embargo, Ramón tenía la costumbre de conservar la tradición del ratón Pérez y siempre regalaba algo a sus hijos cuando perdían algún diente.

Un día el hijo mayor de Ramón empezó a tener sus dudas sobre el célebre ratón y le preguntó a su madre:

—Mamá, yo creo que eso del ratón Pérez no es verdad. No me engañes.

—No, hijo; no es verdad. Ese ratón no existe. Es papá el que trae los regalos.

—¿Papá? Mejor me creo lo del ratón Pérez.

Preguntas

¿Qué pasa en España cuando a un niño pequeño se le cae un diente?
¿Quién viene por la noche?
¿Qué le trae a los niños?
¿Regalaba muchas cosas Ramón a sus hijos?
¿De qué protestaba siempre?
¿Qué excepción hacía Ramón con sus hijos?
¿De qué dudaba el hijo mayor de Ramón?
¿Alguien le preguntó por el ratón Pérez?
¿Qué le dijo su madre?
¿Qué pensó entonces el niño?

TRES HISTORIAS CORTAS

—¡Papá! ¡Papá! ¡Antoñito se ha bebido la tinta! ¿Qué hago?
—Pues... ¡escribe con lápiz!

* * *

El niño llevaba todo el día llorando porque se quería bañar en el mar. La madre, cansada ya de oírlo, le dice:
—Bueno, ¡báñate! Pero como te ahogues no te traigo más a la playa.

* * *

La esposa le dice al marido mientras se lo prueba:
—¿Qué te parece mi nuevo traje de baño?
—¡Extraordinario! —contesta el marido.
—¿Extraordinario? ¿Por qué?
—Porque no sé si estás dentro de él intentando salir o si estás fuera intentando entrar.

Preguntas

¿Quién llama a su padre?
¿De quién habla?
¿Qué ha hecho su hermano pequeño?
¿Qué hacía el niño en la playa?
¿Por qué?
¿Cómo estaba la madre?
¿Lo llevarán a la playa otro día si se ahoga?
¿Quién se probaba un traje de baño?
¿Era grande o pequeño?
¿Estaba la señora dentro o fuera de él?

BORRACHO

En aquella ciudad había mucha gente aficionada a la bebida. El Club de Antialcohólicos tenía muchísimo trabajo tratando de convencer a la gente de que beber mucho es malo.

El Presidente del mencionado Club hablaba un día con un borracho habitual:

—¿Cuántos aperitivos se bebe Vd. al día?

—Depende; seis o siete.

—¿Desde cuándo?

—Desde hace unos treinta años.

—¡Qué lástima! Piense Vd. que seis o siete aperitivos diarios, a cien pesetas cada uno, durante treinta años, son casi siete millones de pesetas. Con ese dinero podría Vd. haberse comprado, por ejemplo, esta magnífica casa.

—Y Vd., ¿no bebe nunca? —pregunta el borracho.

—No señor; nunca.

—¿Y es suya esta casa, quizá?

—Pues... no.

—¡Claro! ¡Cómo va a ser suya si la compré yo ayer!

Preguntas

¿Qué hacía mucha gente en la ciudad?

¿Había alguna asociación contra el alcohol?

¿Con quién hablaba un día el borracho?

¿Qué le preguntó el Presidente del Club?

¿Desde cuando bebía el borracho?

¿Cuánto costaba un aperitivo?

¿Cuánto dinero había gastado el borracho en aperitivos?

¿Bebe el Presidente del Club?

¿Podía el borracho haberse comprado una casa?

¿Se la compró?

UN NEGOCIO FACIL

El Sr. y la Sra. García habían estado de vacaciones con su hijo Tomás. Pasaron veinte días en la costa y, naturalmente, comieron muchas veces en la calle en diversos restaurantes.

Cuando se acabaron las vacaciones y regresaron a casa, la Sra. García descubrió que Tomás tenía más de mil pesetas en el bolsillo. Se extrañó mucho y le preguntó a su hijo:

—Tomás: ¿cómo has podido reunir tanto dinero?

—Ha sido muy fácil, mamá. Papá es muy distraído. En todos los restaurantes en los que comíamos se dejaba dinero en la mesa después de pagar la comida. Generalmente se dejaba entre setenta y cinco y cien pesetas. Yo las cogía y me las guardaba. Y aquí están.

Preguntas

¿Habían pasado las vacaciones en casa los Sres. García?
¿Quién había ido con ellos?
¿Cuánto estuvieron ahí?
¿Hacía la comida generalmente la Sra. García?
¿Qué ocurrió cuando volvieron de vacaciones?
¿Quién descubrió que Tomás tenía mucho dinero?
¿Cómo le había resultado reunirlo?
¿Se olvidaba el Sr. García el dinero en las mesas?
¿Para quién lo dejaba?
¿Y quién se lo guardaba?

UNA FORMA EXTRAÑA DE VIAJAR

Dos amigos, Juan y Enrique, decidieron hacer un pequeño viaje. Fueron juntos a la estación, compraron los billetes y subieron al tren.

Mientras Enrique colocaba las maletas, se le cayó el billete al suelo sin que se diese cuenta. Juan, sin decir nada, lo cogió y se lo guardó en el bolsillo.

Cuando vieron al revisor venir por el pasillo pidiendo los billetes, Enrique buscó el suyo por todas partes sin poder encontrarlo, naturalmente. Como tenía miedo de decirle al revisor que no tenía billete, decidió esconderse debajo del asiento.

Cuando el revisor llegó, Juan le dio dos billetes y le dijo:

—Este es mío y este otro es de mi amigo, que tiene la extraña costumbre de viajar debajo de los asientos.

Preguntas

¿Qué decisión habían tomado Juan y Enrique?
¿A dónde fueron primero?
¿Qué hicieron allí?
Y luego, ¿qué hicieron?
¿Quién colocó las maletas?
¿Qué le pasó?
¿Qué hizo Juan entonces?
¿Quién es el revisor?
¿Qué hizo Enrique cuando lo vio venir?
¿Y después?

En el año 1960 el Papa Juan XXIII fue a visitar una pequeña iglesia situada en un barrio muy pobre de Roma. Llegó solo, pero la policía local reconoció inmediatamente su coche y enseguida dio aviso para montar un servicio especial de seguridad. Tenían miedo de que pudieran hacerle algo o se organizara algún acto de terrorismo. Los policías rodearon el coche del Papa y no permitieron a la gente que se acercase.

—¿Por qué no les dejan Vds. que se acerquen? —preguntó el Papa.

—Es por razones de seguridad —le contestaron los policías sin perder de vista a la gran masa que se había formado ya.

El Papa, muy sonriente, les dijo:

—¡Pero si yo no voy a hacerles nada!

Preguntas

¿A dónde fue el Papa de visita?
¿Dónde estaba la iglesia?
¿Cómo iba?
¿Quién le reconoció enseguida?
¿Por qué lo reconocieron?
¿Qué hizo la policía?
¿Por qué?
¿Qué preguntó el Papa?
¿Había mucha gente?
¿Estaba preocupado el Papa?

TRES HISTORIAS CORTAS

Cuando Churchill cumplió 82 años, un fotógrafo le dijo:
—Espero estar presente cuando cumpla Vd. cien años.
—¿Por qué no, joven? Parece que tiene Vd. buena salud.

* * *

El profesor dice:
—Si el grupo de atrás (que está hablando de fútbol) guarda silencio como el grupo de enmedio (que está haciendo crucigramas), el grupo de delante no se despertará asustado a cada momento.

* * *

En el autobús, una señora pregunta muy seria al conductor:
—¿Para Vd. en el número 26 de la calle de Alcalá?
El conductor, muy serio también, le contesta:
—Sí señora. ¿En qué piso?

Preguntas

¿Con quién hablaba el fotógrafo?
¿Cuándo?
¿Dentro de cuántos años pensaba el fotógrafo estar presente?
¿Qué le dijo Churchill?
¿Cuántos grupos hay en clase?
¿Cuál de ellos está hablando?
¿Quiénes están durmiendo?
¿Dónde viaja la señora?
¿Con quién habla?
¿Dónde quiere parar el conductor?

EL APARATO DE TELEVISION

Una chica extranjera está de visita en Londres. Está viendo las tiendas porque quiere llevar un regalo a sus padres. La chica ha viajado muy poco, tiene muy pocos conocimientos de técnica y podemos decir que es un poco «provinciana».

Después de estar mucho rato mirando el escaparate, se decide a entrar en la tienda. Quiere comprar un aparato de televisión. El empleado de la tienda, al oírla hablar, comprende que es extranjera y le pregunta:

—¿Es para Vd.?

—No señor. Lo llevo de regalo para mi familia.

—¿No hay fábricas de televisores en su país?

—¡Oh, sí! ¡Pero a mí me gustan más los programas ingleses!

Preguntas

¿De dónde es la chica?
¿Qué está haciendo?
¿Qué quiere llevar a sus padres?
¿Es una chica muy moderna y preparada?
¿Qué ha hecho la chica antes de entrar en la tienda?
¿Por qué sabe el empleado que no es inglesa?
¿Para quién es el televisor?
¿Es correcta la pregunta del empleado?
¿Por qué contesta la chica que quiere comprarlo en Londres?
¿Tiene razón o se equivoca?

AVENTURA EN LA ESTACION

Una señora entra corriendo en la estación. Viene a esperar a unos amigos extranjeros. El tren llega a las diez y veinte, andén número 12, y ya son las diez y cuarto.

La señora pregunta dónde está el andén 12 y le dicen que cae al otro lado de la estación.

—No voy a llegar a tiempo —dice.

La señora cruza la estación corriendo, se le cae un guante, lo recoge y, ¡por fin!, llega a la entrada del andén. El empleado le dice:

—¿Tiene Vd. billete de andén, señora?

—No señor. ¿Es necesario tenerlo?

—Sí señora.

—Puede Vd. sacarlo en esta máquina automática.

—Sí, pero no tengo suelto. ¿Me puede Vd. cambiar?

—Lo siento, señora, pero no tengo. Y sin billete de andén no puede pasar.

La señora cruza otra vez corriendo la estación en sentido contrario, compra un periódico, obtiene cambio, vuelve a la entrada del andén, saca el billete y, cuando se lo da al empleado, éste dice:

—Tiene Vd. tiempo, señora; el tren trae una hora de retraso.

—Pero... ¿por qué no me lo dijo antes?

—Porque Vd. no me lo ha preguntado, señora.

Preguntas

¿Tiene prisa la señora?
¿A qué ha ido a la estación?
¿Por dónde entra el tren que espera?
¿A qué hora llega a la estación?
¿Qué está a punto de perder en la carrera?
¿Por qué no puede entrar en el andén?
¿Le resulta fácil sacar el billete?
¿Por qué?
¿Qué compra entonces?
¿Necesitaba darse tanta prisa?

VACA EXTRAÑA

Normalmente, cuando los hombres del campo van a la ciudad no entienden nada y están asustados de tanto tráfico y tanta gente. Pero cuando un hombre de la ciudad va al campo también desconoce muchas cosas y, a veces, está muy desconcertado.

Esto le ocurrió una vez a Don Jerónimo, persona acostumbrada a vivir en una gran ciudad. Fue al campo, se encontró con un campesino y se paró a hablar con él:

—Buenos días.

—Buenos días, señor.

—Me gustaría hacerle una pregunta: ¿por qué esa vaca que hay ahí no tiene cuernos?

—¿Qué vaca, señor?

—Esa que está ahí, junto al árbol.

—Bueno, mire, señor: Vd. sabe que hay vacas con dos cuernos; otras que tienen sólo uno por algún accidente. O incluso que no tienen cuernos. Pero ésa que Vd. dice no tiene cuernos porque... no es una vaca. ¡Es un caballo, oiga!

Preguntas

¿Qué les pasa a los campesinos cuando van a la ciudad?

¿Y a los hombres de la ciudad cuando van al campo?

¿Dónde vivía normalmente D. Jerónimo?

¿Se encontró con algún amigo de la ciudad?

¿Qué hizo cuándo vio al campesino?

¿Y qué le dijo después de saludarle?

¿Fue extraña su pregunta?

¿Dónde estaba el animal?

¿Tenía cuernos aquella vaca?

¿Por qué?

EL REMEDIO

La gente en el campo tiene fama de hablar poco. Generalmente, el hombre del campo trabaja solo y no tiene más compañía que la naturaleza. Eso le acostumbra a hablar poco.

Sin embargo, los dos campesinos de nuestra historia eran el colmo. Hablaban poquísimo y no se daban nunca una explicación.

Después de vivir en la misma región muchos años, cuando se encontraron un día, apenas si intercambiaron medias palabras. Uno de ellos dijo:

—Buenos días.

—Hummmmmm... —contestó el otro.

El primero, un poco más decidido, añadió:

—Mis vides están enfermas. Ya no dan uvas. ¿Vd. les ha puesto algo especial a las suyas?

—Sí. Les he puesto gasolina.

Y ya no hablaron más.

Dos meses más tarde volvieron a encontrarse. El primero de ellos dice:

—Le puse gasolina a las vides. Y ahora están secas.

—Las mías también —contestó el otro.

Preguntas

¿Cuánto habla la gente del campo?
¿Por qué?
¿Eran una excepción los dos campesinos de esta historia?
¿Cuánto hablaban?
¿Vivían cerca el uno del otro?
¿Qué sembraban en el campo?
¿Daban buenas uvas?
¿Es normal poner gasolina en las vides?
¿Fue un acierto ponérsela?
¿Cogieron mucha uva ese año?

EL VASO DE LECHE

Durante el verano, un joven que pasaba las vacaciones alejado de su ciudad habitual, se dedicó a pasear sin rumbo por la montaña. Y andando, andando, se perdió. Se le echó la noche encima y no supo regresar a la casa donde vivía entonces.

Los campesinos, alarmados con la desaparición, organizaron una búsqueda del joven perdido y, al amanecer, lo encontraron medio dormido junto a un árbol. Aunque era verano, durante la noche había pasado frío en la montaña y estaba también muy asustado y muy nervioso. Lo llevaron a la casa y le dieron un vaso de leche caliente con coñac. El joven reaccionó de inmediato y dijo:

—En la ciudad la leche sabe de forma diferente. ¿Cuánto costaría comprar la vaca que da esta clase de leche?

Preguntas

¿Dónde pasa mucha gente de la ciudad sus vacaciones?
¿Es posible perderse en las montañas?
¿Qué le ocurrió al joven de nuestra historia?
¿Y qué pasó cuando se hizo de noche?
¿Qué hicieron los campesinos?
¿Cuánto tiempo estuvieron buscándolo?
¿A qué hora lo encontraron?
¿Dónde estaba?
¿Estaba bien?
¿Le gustó lo que le dieron de beber?

EL LADRON

La policía ha sorprendido al ladrón dentro de una casa. Después de capturarlo lo llevan a la comisaría donde se inicia el interrogatorio. El ladrón, naturalmente, dice que es inocente, pero el policía que le está interrogando no lo cree e insiste:

—Vd. dice que entró en la casa por la puerta de atrás, a las tres de la madrugada. ¿Qué iba Vd. a hacer allí?

—Nada. Yo creía que era mi casa. De verdad que sí.

—Entonces, ¿por qué salió Vd. por la ventana cuando vio aparecer a la dueña de la casa?

—Porque creí que era mi mujer.

Preguntas

¿Dónde estaba el ladrón cuando fue sorprendido?
¿Qué hizo la policía con él?
¿Para qué?
¿Y qué decía él?
¿Por dónde parece que entró?
¿Era de día?
¿Salió por la puerta?
¿Por qué salió tan precipitadamente?
¿De qué tenía miedo el ladrón?
¿Por qué cree Vd. que tenía miedo?

EN EL MEDICO

En la consulta del médico todos los pacientes están muy tristes. Tienen problemas psíquicos y sufren depresiones y estados de decaimiento.

El enfermo que está ahora con el médico parece el más triste de todos. El doctor trata de animarlo y le dice:

—En realidad, Vd. no tiene ninguna enfermedad. Vd. necesita solamente divertirse: salir, pasearse, viajar, ir al cine, al teatro... ¿Por qué no va Vd., por ejemplo, a ver al payaso Grimaldi? Es un clown que tiene muchísima gracia. Lo pasará muy bien.

—Imposible, doctor —contesta el paciente al borde de la desesperación—: Grimaldi soy yo.

Preguntas

¿Cómo están los pacientes en la consulta?
¿De qué padecen?
¿Las depresiones son realmente enfermedades?
¿Qué le dice el médico al enfermo que está viendo ahora?
¿Qué quiere que haga?
¿Debe ir a muchos sitios?
¿Para qué?
¿Le recomienda algo especial?
¿Está al alcance de su mano hacerlo?
¿Por qué?

LAS COSAS IMPORTANTES

A los niños, cuando se les quiere educar bien, se les enseña que no deben interrumpir cuando están hablando los mayores. Esto es lo que ocurrió un día en el Palacio del rey Jorge V de Inglaterra.

El rey había invitado a un señor muy importante. A la comida también asiste el Príncipe de Gales.

Sirven la sopa y todos empiezan a comer. El rey está hablando con su invitado y el niño le dice:

—¿Puedo decirte una cosa, papá?

—Espera un poco, hijo. Estamos hablando de cosas muy importantes. El niño se calla y todos siguen comiendo.

Después de un rato, el rey le dice a su hijo:

—Vamos a ver: ¿qué es lo que querías?

—Lo siento, papá. Es demasiado tarde. Ya te has comido la mosca.

Preguntas

¿Qué deben hacer los niños bien educados?
¿Dónde vivía el rey Jorge V?
¿Tenía algún invitado?
¿Qué hacían todos?
¿Estaba el Príncipe allí?
¿Qué quiso hacer?
¿Para qué?
¿Le escuchó el padre?
¿Dijo el niño algo «importante» también cuando pudo hablar?
¿Supones qué dijo el rey?

EL PROFESOR

El profesor está bastante enfadado. Ha terminado la clase y habla con un amigo íntimo a quien confiesa:

—Hoy estoy de muy mal humor.

—¿Sí? ¿Por qué?

—Verás: cuando doy una clase me gusta convencer a los alumnos de la veracidad de lo que explico. Hoy les he explicado que es imposible meter una cosa grande dentro de un espacio más pequeño, pero...

—Bueno, y... ¿qué ha pasado después?

—Que al final los alumnos no me han creído.

—Pero... ¿por qué?

—Porque se ha abierto la puerta de la clase y han visto entrar a mi mujer con pantalones.

Preguntas

¿Cómo está el profesor?
¿Va a entrar a dar la clase?
¿Está hablando con los alumnos?
¿Qué pretende conseguir siempre que da una clase?
¿Qué intentaba explicar hoy?
¿Lo ha conseguido?
¿Por qué no lo ha conseguido?
¿Qué llevaba puesto su mujer?
¿Cree Vd. que su mujer está delgada?
¿Tira por tierra la mujer la teoría de su marido?

¿QUIEN TIENE RAZON?

Antonio ha vivido siempre en el campo. No se ha montado jamás en un barco y le tiene muchísimo miedo al agua.

Un día, hablando con un marinero que va a salir embarcado para América, le dice:

—¿Dónde murió su padre?

—En el mar, contesta el marinero.

—¿Y su abuelo?

—Ahogado.

—¿Y su bisabuelo?

—Su barco se hundió durante una tormenta y así perdió la vida.

El campesino se queda pensando un momento y luego dice:

—Pues entonces creo que es mejor quedarse en casa y no montarse jamás en un barco.

Cuando el marinero oye esto le pregunta:

—¿Dónde murió su padre?

—En la cama, naturalmente.

—¿Y su abuelo?

—En la cama también como todas las personas de mi familia, que yo sepa.

—Pues entonces, amigo, creo que es mejor no acostarse nunca.

Preguntas

¿Es marinero Antonio?
¿Le gusta el mar?
¿A dónde va el marinero?
¿Dónde murieron los antepasados del marinero?
¿Qué conclusión saca entonces Antonio?
¿Qué pregunta el marinero?
¿Dónde han muerto todos los familiares de Antonio?
¿Qué conclusión saca entonces el marinero?
¿Tiene razón?

EL PARAGUAS

Pedro es un hombre enormemente despistado. Con él nunca se sabe lo que puede ocurrir porque le pasan las cosas más insospechadas.

Un día, cuando llovía, fue de visita a casa de un amigo. Cuando regresó a su casa se dio cuenta de que no tenía el paraguas. Pensó que se lo había dejado allí y le escribió una carta a su amigo:

—Mi querido amigo: Ayer me olvidé el paraguas en su casa. Si lo encuentra, ¿quiere, por favor, enviármelo a mi casa? Muchas gracias. Un cariñoso saludo de Pedro.

P.S.: No tiene Vd. que enviarme el paraguas. Ya lo encontré en mi casa.

Preguntas

¿Cómo podríamos definir a Pedro?
¿Se puede adivinar lo que le va a pasar?
¿Cuándo fue de visita a casa de su amigo?
¿Qué llevó con él?
¿Qué le pasó cuando volvió a su casa?
¿Qué hizo entonces?
¿Para qué?
¿Era necesario escribir la carta?
¿Vd. la hubiera mandado?
¿Por qué la escribe entonces Pedro?

LOS MELLIZOS

En casa de Juanito todos esperaban con ilusión la llegada de otro niño. Pero nacieron dos. Dos hermanos mellizos para Juanito.

En la casa había mucha gente y bastante desorden. Todos hablaban de los nuevos hermanitos y él, aprovechando esta circunstancia, no fue al colegio.

Su padre se dio cuenta pero no le dijo nada. Al día siguiente el niño sí fue al colegio y por la tarde, cuando volvió, su padre le preguntó:

—Ayer no fuiste al colegio. ¿Qué le has dicho al profesor?

—Le dije que no había ido porque había tenido un hermanito.

—Y... ¿por qué no le has dicho que fueron dos?

—Porque el otro lo guardo para el lunes, que toca una lección muy difícil.

Preguntas

¿Qué esperaban en casa de Juanito?
¿Llegó lo que esperaban?
¿Qué ocurría en la casa?
¿Y qué hizo él?
¿Fue al colegio al día siguiente?
¿Qué justificación puso para no ir?
¿Por qué no dijo que eran dos?
¿Era bueno el truco de Juanito?
¿Se lo creería el profesor?
¿Qué pasaría?

LOS ZAPATOS

El Sr. Gómez llegaba siempre a su casa muy tarde y muy cansado porque trabajaba muchísimo durante el día. Nada más llegar se tumbaba en la cama y se quitaba los zapatos empujándose un pie con el otro. Naturalmente, los zapatos caían pesadamente al suelo haciendo mucho ruído.

Un día subió el vecino de abajo y le dijo:

—Por favor, ¿no podría Vd. quitarse los zapatos de otra manera? Todas las noches, cuando estoy durmiendo, siempre suena ¡pum! y, unos segundos después, otra vez ¡pum!

—Disculpe —dijo el Sr. Gómez—. En adelante procuraré quitármelos de otra manera.

Al día siguiente, el Sr. Gómez volvió tan cansado como de costumbre y repitió la misma operación. Inmediatamente después de haberse quitado el primer zapato se acordó de la promesa hecha al vecino y se quitó el segundo zapato con mucho cuidado, sin hacer ruido.

Diez minutos más tarde, el vecino llamó a la puerta:

—¿Se puede saber cuándo se va Vd. a quitar el otro zapato, que no me puedo dormir a la espera del segundo «pum»?

Preguntas

¿A qué hora llegaba el Sr. Gómez a su casa?
¿Cómo venía?
¿Por qué?
¿Qué hacía?
¿Quién subió un día protestando?
¿Qué le dijo el Sr. Gomez?
¿Cumplió la promesa?
¿Se quitó los zapatos como siempre?
¿Quién llamó a la puerta?
¿Qué le pasaba?

TRES HISTORIAS CORTAS

—Ya no entro más en la cocina a lavar los platos. El niño está empezando a llamarme mamá en vez de papá.

* * *

Suena el teléfono.
—¡Diga!
—¡Oiga, por favor! ¿Está el Sr. Rodríguez?
—Se ha equivocado. Aquí no es.
—¿Está Vd. seguro que ésa no es la casa del Sr. Rodríguez?
—Si señor; segurísimo. Además, aquí ni siquiera tenemos teléfono.

* * *

La señora tardaba muchísimo en arreglarse y siempre llegaba tarde. Un día fue con su marido al teatro y el portero les dijo:
—Perdón; estas entradas son de la función de ayer.
—¿Ves? —dijo el marido—. Ya sabía yo que hoy llegaríamos más tarde que nunca.

Preguntas

¿Quién lavaba los platos?
¿Dónde los lavaba?
¿Por qué no quería seguir haciéndolo?
¿Por quién preguntan en el teléfono?
¿Está o no está?
¿Hay teléfono en la casa?
¿Quién tardaba mucho en arreglarse?
¿A dónde fue el matrimonio?
¿Quién les habló en la puerta?
¿Llegaban tarde efectivamente?

LA FAMILIA

El Sr. y la Sra. Martínez tienen dos hijos y una hija.

El hermano de la Sra. Martínez se llama Antonio.

Antonio tiene una hija que se llama María.

El marido de Carmen, la hija del Sr. Martínez, se llama Juan y tiene la misma edad que su mujer.

El hijo mayor del Sr. Martínez tiene dos años más que su hermana, y el hijo menor tres años menos que Carmen.

¿Cuántos sobrinos tiene Antonio?

¿Quién es mayor, Juan o el hijo menor del Sr. Martínez?

¿Es María hermana de Juan?

¿Es Carmen hija de Antonio?

Si María se casa y tiene un hijo, ¿quién será su tía?

¿Y su abuelo?

¿Y sus tíos?

Solución

Antonio tiene tres sobrinos.

Juan es mayor que el hijo menor del Sr. Martínez.

María no es hermana de Juan, sino la prima de su mujer.

No, Carmen es la sobrina de Antonio.

La tía del hijo de María será la Sra. Martínez.

El abuelo, Antonio.

Y los tíos, el Sr. y la Sra. Martínez.

	1	2	3	4	5
1	M	A	N	O	S
2	I	R	A		A
3	A	B	R	I	L
4	S	O	B	R	E
5		L	E	E	S

Horizontales

1. Están al final de los brazos.
2. Va a ir.
3. Vocal. — Vowel
4. Encima.
5. Ves las noticias en el periódico.

Verticales

1. Las cosas que compro con mi dinero son...
2. Es como una planta, pero grande y con muchas hojas.
3. Cinco letras con las que puedo formar el nombre de la capital de Suiza.
4. Vocal.
5. Te vas a la calle.

Solución

Horizontales

1. Manos.
2. Irá. A.
3. Abril.
4. Sobre.
5. Lees.

Verticales

1. Miras.
2. Árbol.
3. Narbe
4. O. Iré.
5. Sales.

FRASES LOCAS

En estas seis frases tan divertidas se han cambiado algunas palabras. ¿Puedes ponerlas bien?

1 A Susana le gusta viajar en bolígrafo. *avión*
2 Juan escribe con un avión azul. *bolígrafo*
3 María baila con un libro. *amigo*
4 Alfonso lee un amigo de aventuras. *libro*
5 Luisa tiene el traje rubio. *pelo*
6 Ernesto se pone su pelo nuevo. *traje*

Solución

A Susana le gusta viajar en avión.
Juan escribe con bolígrafo azul.
María baila con un amigo.
Alfonso lee un libro de aventuras.
Luisa tiene el pelo rubio.
Ernesto se pone su traje nuevo.

¿COMO CRUZAR EL RIO?

Un hombre tiene un lobo. No le muerde nunca porque está acostumbrado a vivir con él desde que nació.

Un día, el hombre tiene que cruzar el río en una barca y lleva con él una cabra, una cesta de verduras y el lobo.

Para cruzar el río tiene tres problemas: El hombre puede montar en la barca llevando a un animal o la cesta. Si pone más peso la barca se vuelca y se caen todos al agua.

El segundo problema es que si el lobo se queda solo con la cabra se la come, y el tercero es que si la cabra se queda a solas con las verduras, también se las comerá.

¿Cómo puede el hombre cruzar el río en la barca y poner en la otra orilla al lobo, a la cabra y la cesta de las verduras?

Solución

El hombre hace varios viajes:
Lleva a la cabra y se vuelve de vacío.
Lleva la cesta y se vuelve con la cabra.
Lleva al lobo y se vuelve de vacío.
En el último viaje va con la cabra.
Y ya están todos en la orilla opuesta.

ES MUY FACIL

```
C A B V I O L I N
C O R B A T A S Y
P T C L A V O S X
R G T O R R E I Z
M R U E D A S E A
O U N B V R V P P
D A D O S A I Z A
R T Y U L P A L T
B A L L E N A B O
```

Si lees estas letras de izquierda a derecha, o de arriba abajo, o también en forma diagonal, hacia la derecha o hacia la izquierda, encontrarás los nombres de todos los dibujos que hay alrededor del cuadro de letras.

Solución

Grúa.	Llave.
Clavos.	Dados.
Zapato.	Ruedas.
Corbatas.	Cocodrilo.
Pipa.	Ballena.
Violín.	Torre.

43

El profesor Serrano era muy inteligente, pero muy distraído. En verano se fue de vacaciones y le dejó esta nota a su criado, Pedro: —Abra el buzón de vez en cuando y envíeme el correo que haya.

Unos días después recibió una carta de Pedro en la que le decía: —No puedo enviarle las cartas porque no encuentro la llave del buzón.

El profesor le contestó enseguida diciéndole que la llave estaba en el cajón de la mesa de su despacho.

Pasaron los días y siguió sin recibir ninguna carta. Cuando terminó sus vacaciones le dijo muy enfadado a Pedro: —¿Por qué no me ha enviado las cartas?

Cuando oyó la explicación comprendió que Pedro no tenía la culpa.

¿Sabes por qué?

Solución

La carta del profesor diciendo dónde estaba la llave del buzón se quedó dentro de éste, como todas las demás que el cartero echaba allí sin que Pedro pudiera cogerlas.

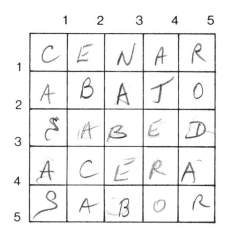

Horizontales

1. Comer por la noche.
2. No está arriba.
3. Conoced.
4. Hay una a cada lado de la calle.
5. Gusto que tienen las cosas.

Verticales

1. Vivimos en ellas.
2. Al revés, terminé.
3. Al revés, tomen agua.
4. Al revés, hay una a cada lado de la cabeza.
5. Dar vueltas.

Solución

A BUEN ENTENDEDOR...

Los refranes son dichos agudos y sentenciosos que se utilizan a menudo en el habla popular. Son tan antiguos que no tienen origen conocido. Pero siguen siendo modernísimos porque se emplean a cada momento.

Aquí tenemos algunos de ellos inacabados. ¿Sabrías completarlos? Porque «A buen entendedor, pocas palabras bastan».

Ojos que no ven . . . .
A quien madruga . . . .
En boca cerrada . . . .
Más vale pájaro en mano . . . .
Los duelos con pan . . . .
Dime con quien andas . . . .
Cada oveja . . . .
Más vale tarde . . . .
No se ganó Zamora . . . .
Piensa el ladrón . . . .
Quien mal anda . . . .
A caballo regalado . . . .
A rey muerto . . . .
Bicho malo . . . .
Ande yo caliente . . . .

. . . . nunca muere.
. . . . en una hora.
. . . . con su pareja.
. . . . no le mires el diente.
. . . . rey puesto.
. . . . y ríase la gente.
. . . . corazón que no siente.
. . . . que ciento volando.
. . . . y te diré quien eres.
. . . . Dios le ayuda.
. . . . mal acaba.
. . . . son menos.
. . . . que nunca.
. . . . no entran moscas.
. . . . que todos son de su condición.

Solución

Ojos que no ven, corazón que no siente.
A quien madruga Dios le ayuda.
En boca cerrada no entran moscas.
Más vale pájaro en mano que ciento volando.
Los duelos con pan son menos.
Dime con quien andas y te diré quien eres.
Cada oveja con su pareja.

Más vale tarde que nunca.
No se ganó Zamora en una hora.
Piensa el ladrón que todos son de su condición.
Quien mal anda mal acaba.
A caballo regalado no le mires el diente.
A rey muerto, rey puesto.
Bicho malo nunca muere.
Ande yo caliente y ríase la gente.

1492
1792
1917

FECHAS Y EDADES

Naturalmente, todo el mundo sabe cuándo descubrió Colón América. 300 años más tarde comienza la Primera República en Francia y 125 años después de esta República tiene lugar la revolución en Rusia.

Mi padre nace ese mismo año. 1917

1987

¿Qué edad tiene ahora? .....70................
¿Y yo, que nací cuando él tenía 30 años? ....40................
¿Y mi abuelo, que nace 55 años antes que yo? ..95................

Solución

Colón descubre América en 1492.
La República francesa comienza en 1792.
Y la Revolución rusa en 1917.
Mi padre nace en 1917. Tiene ahora, en 1987, 70 años.
Yo nací cuando él tenía 30 años, en 1947. Ahora, en 1987, tengo 40 años.
Mi abuelo nace 55 años antes que yo: en 1892. Ahora, en 1987, tiene 95 años.

PASATIEMPO X

1. ¿Podemos ir de Chile a Uruguay, en línea recta, sin pasar por Argentina? ....

2. ¿Y de Uruguay a Paraguay? ...
....

3. ¿Colombia está entre Venezuela y Perú o entre Bolivia y Venezuela? ....
....

4. Desde la Patagonia subimos hasta Panamá por la costa del Pacífico. ¿Por cuántos países pasamos? ....

5. ¿Cuáles son? ....
....

6. Bolivia tiene frontera con cinco países diferentes. ¿Cuáles? ......
....
....

7. Sólo dos países de América del sur no dan al mar. ¿Sabes decir cuáles son? ....
....

Solución

1. No.
2. No.
3. Entre Venezuela y Perú.
4. Cuatro.
5. Chile, Perú, Ecuador y Colombia.
6. Brasil, Paraguay, Argentina, Chile y Perú.
7. Bolivia y Paraguay.

47

CIUDADES DE ESPAÑA

¿Quién sabe colocar el nombre de seis ciudades de España cruzando la palabra ESPAÑA?

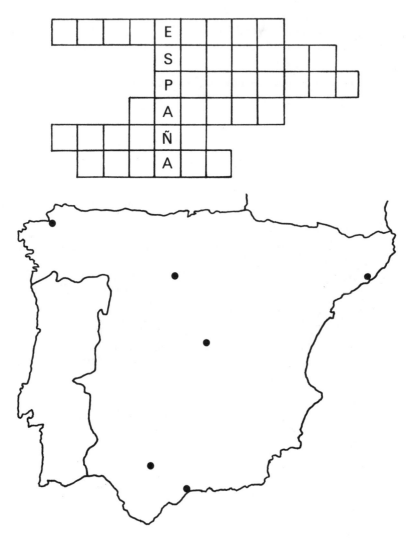

Solución

Madrid.
Coruña.
Málaga.

Barcelona.
Sevilla.
Palencia.

FRASES LOCAS

Cuando sale el sol mucha gente va al teatro.
Si no comemos nos levantamos.
El coche que tengo se llama Juan.
Por la noche es invierno.
Hace frío tenemos hambre.
El novio de mi hermana es un Rolls-Royce.

¿Sabes poner en orden estas frases locas?

Solución

El novio de mi hermana se llama Juan.
Hace frío si es invierno.
Por la noche mucha gente va al teatro.
El coche que tengo es un Rolls-Royce.
Si no comemos tenemos hambre.
Cuando sale el sol nos levantamos.

LAS COMIDAS

¿Puedes pedir el desayuno en el hotel a las cuatro de la tarde?.................
¿Por qué? ....
¿A qué hora se toma la merienda? ....
¿Puedes ir a cenar a las diez de la mañana? ....
Y a las cinco de la tarde, ¿qué se puede tomar? ....
¿A qué hora crees que suelen hacer los españoles la comida? ....
....

Solución

Los españoles comen alrededor de las dos.
La merienda.
No, no puedo cenar por la mañana. La cena es siempre por la noche.
A las cinco de la tarde aproximadamente.
Porque es muy tarde; se toma por la mañana.
No, no puedo.

LOS SIGNOS DEL ZODIACO

```
E O I N R O C I R P A C
S I U S T O G R I V E E
D R U N L A A S P E S R
C A N C E R C S O N C A
V T A L O I I U E N O T
E I D R S E A C A I R D
I G U D A R I R M R P P
U A L S B I I V A E I I
T S N I T E E L I G O O
E N L T S I N I M E G E
```

En este cuadro de letras aparecen todos los nombres de los signos del zodíaco en español. Tienes que encontrarlos leyendo en horizontal de izquierda a derecha y de derecha a izquierda; en vertical de abajo arriba y de arriba abajo y también en diagonal, hacia adelante y hacia atrás.

¿Sabes encontrarlos?

Solución

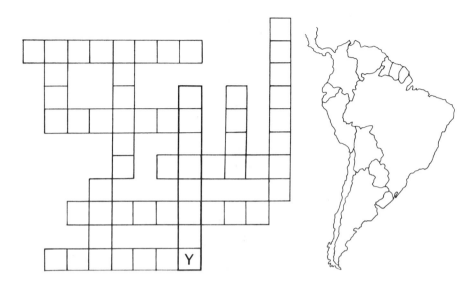

Si pones una letra en cada cuadro y escribes en forma horizontal y en forma vertical (de arriba abajo), tienes que conseguir los nombres de diez repúblicas de Hispanoamérica.

Para que esto resulte un poco más fácil, te damos una Y en el cuadro final.

¿Qué países son? ¿Sabes situarlos en el mapa?

Solución

Cuadros horizontales

Colombia.
Bolivia.
Panamá.
Venezuela.
Uruguay.

Cuadros verticales

Perú.
México.
Paraguay.
Cuba.
Honduras.

JEROGLIFICOS

Los egipcios y otros pueblos de la antigüedad no escribieron con letras, sino con figuras y símbolos.

Vamos a intentar descifrar este semijeroglífico compuesto de una palabra y unos símbolos. Es el nombre de una obra maestra de Homero.

Solución

La Ilíada.

¿VERDADERO O FALSO?

1. Barajas es el aeropuerto de Madrid...
2. Cervantes ha vivido antes que Goya ....
3. Hace más frío en Andalucía que en Castilla ....
4. El Greco nació en Toledo ....
5. La paella es un plato típico de Valencia ....
6. Madrid y Barcelona tienen metro ....
7. Luis Buñuel fue un famoso pintor ....
8. La montaña más alta de España está en las Islas Canarias ....
9. La Costa Brava está en Andalucía ....

Solución

9. Falso.
8. Verdadero.
7. Falso.
6. Verdadero.
5. Verdadero.
4. Falso.
3. Falso.
2. Verdadero.
1. Verdadero.

FRASES LOCAS

Es por la mañana y tomo la cena.
Para conocer la temperatura me acuesto.
Duermo muy bien cuando me levanto.
Tengo hambre si no hay ruidos.
Cuando estoy cansado miro el termómetro.

Estas frases están locas. Hace falta ponerlas en orden para lograr frases lógicas. ¿Sabes hacerlo?

Solución

Cuando estoy cansado me acuesto.
Tengo hambre y tomo la cena.
Duermo muy bien si no hay ruidos.
Para conocer la temperatura miro el termómetro.
Es por la mañana cuando me levanto.

FAMILIAS DE PALABRAS

En todas las lenguas existen grupos o familias de palabras. Las palabras de una misma familia tienen alguna característica común que las une.

A continuación damos cinco familias de palabras. En cada una de ellas hay una palabra que no pertenece a la familia. ¿Sabes cuál es?

CON POR PARA LA SIN DE
VE OYE HUELE TOCA GUSTA TIENE
SEMANA TARDE NOCHE MAÑANA MEDIODIA MEDIANOCHE
HOMBRES DIAS MUJERES NIÑOS VIEJOS CHICOS
DOS SEIS OCHO SIETE CUATRO DIEZ

Si ordenas bien las cinco palabras que forman la excepción, se puede construir una frase. ¿Cuál?

Solución

La semana tiene siete días.

CONOZCA ESPAÑA

Ebro	Bilbao	Marruecos
Portugal	Zaragoza	Málaga
Cantábrico	Mediterráneo	Atlántico
Guadalquivir	Francia	Tajo

De estas doce palabras, tres son nombres de ríos; tres, de ciudades; tres, de países próximos a España, y tres, de océanos o mares que rodean la Península Ibérica. ¿Quién lo hace rápidamente?

Solución

ES MUY FACIL

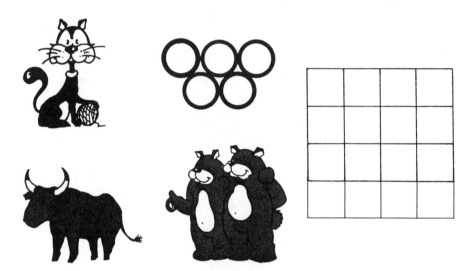

¿Cómo se pueden colocar estas palabras, una letra en cada cuadro, para leerlas todas dos veces, una de arriba abajo y otra de izquierda a derecha?

Solucion

S	O	S	O
O	R	O	T
S	O	R	A
O	T	A	G

TODOS PIENSAN

En la escena que vemos en este dibujo todos están pensando en silencio. Y piensan esto:

— Baldomero, el pobre, está cada día más viejo.

—Yo, todo el tiempo trabajando. Y mientras, ellos ahí sentados tan ricamente.

—¿Querrá ir Pepe al cine esta noche?

—Cuando me lleve la bandeja me voy a tomar yo una copita también.

Solución

La primera frase la piensa el señor que está sentado.
La segunda, la muchacha de servicio.
La tercera, la señora sentada.
La cuarta, Baldomero, que es el mayordomo.

CAPITALES Y PAISES

QUITO   MEXICO   MANAGUA   PANAMA

BOGOTA

```
E O R S A C A M A N A P
I C E G L O P U P V U Z
C I U V A N P E A E J E
A X R A C E H O R S T L
S E U V D I A T A U V I
E M G H L O O P G E F H
T R U X Y R R K U Z A C
M O A N I C A R A G U A
P R Y C E Ñ O L Y B A D
O C O L O M B I A D E G
G U T U R A Y V I T U L
V E N E Z U E L A D E G
```

ASUNCION

CARACAS

LIMA

LA HABANA   SANTIAGO   MONTEVIDEO   SAN JUAN

Estas 12 capitales pertenecen a 12 países diferentes de América. En todos ellos se habla español. Para encontrar el nombre de estos países tienes que leer en forma horizontal, vertical o diagonal. A veces de derecha a izquierda y a veces de izquierda a derecha. A veces de arriba abajo y a veces de abajo arriba.

¿Sabes encontrarlos?

Solución

¿COMO SE LLAMAN?

No sabemos cómo se llaman estos niños. Pero lo podemos saber si leemos, con atención, las frases siguientes. Sólo necesitamos pensar un poco.

Una de las niñas se llama Margarita; la otra, Mónica.

A la hermana de Luis no le gusta la lectura.

Andrés y Tomás son muy tranquilos. No les gusta correr.

Luis es más pequeño que Pedro.

Tomás prepara sus exámenes.

Mónica es hermana de Andrés.

¿Cómo se llaman los seis niños del dibujo?

Solución

6. Tomás.
5. Mónica.
4. Margarita.
3. Luis.
2. Pedro.
1. Andrés.

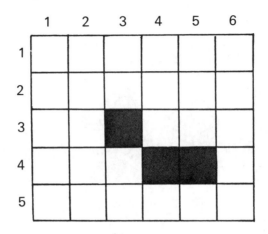

Horizontales

1. Es de ahora.
2. Lo hace el filósofo y algunos otros hombres.
3. Al revés, negación. Escuchar.
4. Lo hace el que quiere saber lo que está escrito en un libro. Consonante.
5. Lo contrario de claro.

Verticales

1. Dios de la mitología griega.
2. Salas para ver películas.
3. Se bebe mucho en Inglaterra. Al revés, nombre de una consonante española.
4. Unico. Vocal.
5. De esta forma. Consonante.
6. Dura o mide mucho.

Solución

JEROGLIFICO

En el pasatiempo XVI ya vimos lo que es un jeroglífico. Aquí tenemos otro. ¿Sabes descifrarlo?
CIUDAD DE MARRUECOS.

Solución

Casablanca.

LOS RIOS DE ESPAÑA

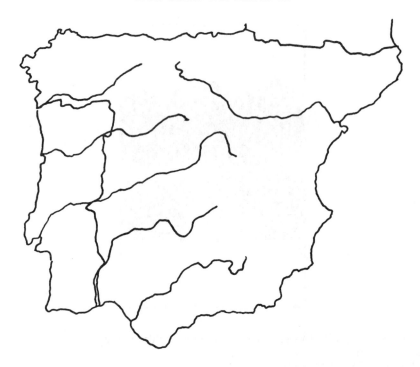

España tiene seis ríos principales: Miño, Duero, Tajo, Guadiana, Guadalquivir y Ebro. De ellos, solamente dos no pasan por Portugal: el Ebro, relativamente cerca de Francia, y el Guadalquivir, al sur de España. El Miño es el más corto y el Tajo el más largo. El Duero y el Tajo salen de España antes de llegar al mar, y el Guadiana y el Miño forman frontera con Portugal.

¿Sabes escribir en este mapa los nombres de los seis ríos que aparecen en él?

Solución

El río que desemboca en el Mediterráneo es el Ebro.
Los otros cinco, de arriba abajo son:
Miño.
Duero.
Tajo.
Guadiana.
Guadalquivir.

¿QUE PIENSAN?

Don Telesforo, Lolita, Don Nicomedes, Alfredito y Dña. Marcela están esperando el autobús. Y mientras tanto todos están pensando. Pero...

¿Qué piensa Don Telesforo?...

¿Y Lolita?...

¿Y Don Nicomedes?..

¿Y Alfredito?...

¿Y, finalmente, Dña. Marcela?...

Estos son los pensamientos de todos ellos. Ordénalos.

—En el metro se llega antes, pero aquí, al menos, no la empujan a una.

—Algunos días, esperar resulta más agradable que otros. Todo depende de quien tengas al lado.

—¡Esto de tener que esperar el autobús...! ¡Con lo que a mí me gustan los coches deportivos...!

—Mi novio se volverá a enfadar porque voy a llegar tarde.

—Se me ha olvidado el sombrero y ahora tengo frío en la cabeza.

Solución

Don Telesforo: Se me ha olvidado el sombrero...
Lolita: Mi novio volverá a...
Don Nicomedes: Algunos días esperar...
Alfredito: ¡Esto de tener que esperar...!
Dña. Marcela: En el metro se llega antes...

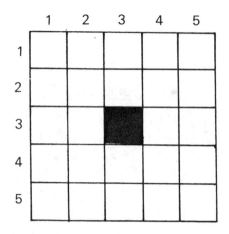

Horizontales

1. País de Suramérica.
2. Vientos.
3. Conozco. Al revés, pronombre.
4. Que tiene alas.
5. Unicos.

Verticales

1. Edificios.
2. Es blanco y está muy frío.
3. Marchar. Contracción.
4. Cómo queda un libro después de leerlo.
5. No son ésos ni aquéllos, sino...

Solución

Verticales

1. Casas.
2. Hielo.
3. Ir. Al.
4. Leído.
5. Estos.

Horizontales

1. Chile.
2. Aires.
3. Sé. It.
4. Alado.
5. Solos.

BAILE DE PALABRAS

Estas frases son un poco extrañas, ¿verdad? Lo que pasa es que alguien ha escrito las frases sin poner en orden las palabras. ¿Sabes escribirlas bien? La última frase se puede escribir de dos formas diferentes.

COLOR BICICLETA DE UNA TENGO VERDE YO
MUY CHICA ES LUISA UNA SIMPATICA
CONOCER PAISES YO OTROS QUIERO
YO MAS CORRE ANTONIO QUE
MIS CAMPO VOY AMIGOS CON YO AL

Solución

VIAJE DE NEGOCIOS

El Sr. Jiménez hace un viaje de negocios con este calendario:
Domingo 12, avión a Bruselas.
Martes 14, tren a París.
Viernes 17, avión a Ginebra.
Domingo 19, avión a Roma.
Miércoles 22, avión a Viena.
Viernes 24, tren a Munich.
Domingo 26, avión de regreso a casa.
En la víspera del viaje, su mujer le pregunta:
¿Vas a Austria antes o después que a Italia? ....
¿A qué países vas en avión? ....
¿En qué ciudades estarás más tiempo? ....
¿Cuándo sales de Ginebra? ....
¿Cuándo irás a Viena? ....
¿A qué ciudad podré llamarte el domingo 19 por la noche? ....
En total, ¿cuántos días vas a estar fuera? ....

Solución

7. 15 días.
6. A Roma.
5. Iré a Viena el día 22.
4. Salgo de Ginebra el domingo 19.
3. En París y en Roma, tres días en cada sitio.
2. Voy en avión a Bélgica, a Suiza, a Italia y a Alemania.
1. Voy a Austria después que a Italia.

JEROGLIFICO

Este es el tercer jeroglífico que te presentamos. Ya tienes experiencia y te resultará más fácil descifrarlo.
¿DONDE ESTA EL GATO?

Solución

Sobre la mesa.

JUGUEMOS A LA GEOMETRIA

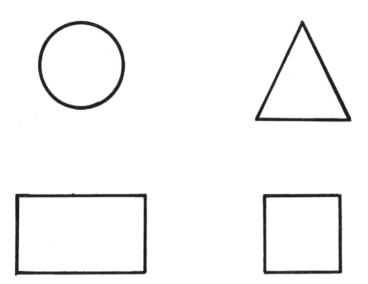

Colocando ordenadamente las letras de estas extrañas palabras podrás descubrir el nombre de las figuras geométricas que aparecen dibujadas. Es muy fácil, ¿no?
Glutráino.
drocadua.
lícurco.
tugerlocán.

Solución

Triángulo.
Cuadrado.
Círculo.
Rectángulo.

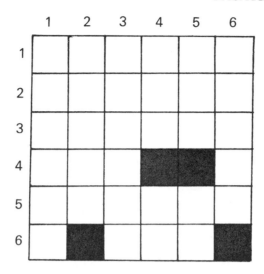

Horizontales

1. Plato típico de Asturias.
2. Terminas.
3. Hombre casado.
4. Compañera del oso. Consonante.
5. Parte de la casa que está por debajo del nivel del suelo.
6. Vocal. Metal amarillo de mucho valor.

Verticales

1. Muy conocida.
2. Quizás.
3. No es caro.
4. Al revés, marchaba. Terminación de muchos infinitivos en español.
5. Entregad. Negación.
6. Cuando quiero ver la calle me.......... a la ventana.

Solución

Verticales
1. Famosa.
2. Acaso.
3. Barato.
4. Abi. Ar.
5. Dad. No.
6. Asomo.

Horizontales
1. Fabada.
2. Acabas.
3. Marido.
4. Osa. M.
5. Sótano.
6. A. Oro.

LA MAQUINA DE ESCRIBIR NO ESCRIBE BIEN

Hemos recibido una carta de nuestro amigo Antonio. Dice así:

Querido omigo:

Como yu te hibie dicho, llegaré el próximo síbudo por lu moñono, en el inión de lws diez y cuqrto. Tengo muchts gonis de estqr whi, pero debo regresir muy pronto.

Muchos recuerdos y heste el síbudo.

Un obrizo de tu buen omigo Wntonio.

¿Sabes corregir todas estas faltas?

Solución

Querido amigo:

Como ya te había dicho, llegaré el próximo sábado por la mañana, en el avión de las diez y cuarto. Tengo muchas ganas de estar ahí, pero debo regresar muy pronto.

Muchos recuerdos y hasta el sábado.

Un abrazo de tu buen amigo, Antonio.